JN437749

따뜻한 혀

따뜻한 혀

이태순 시조집

■ 시인의 말

뜨거운 밥 같은 말
그 말들을 가장 아끼는
내 영혼은 아직 봄이다.

온통 안개뿐인
몽환의 강가
맨발의 시를 만나는
저기
서성거리는 내가 있다.
유유히 흐를 쪽배 한 척 거느리고,

무언가 덜 채운 것 같아
아쉬움의 반달이 뜨는
두 번째 시집을 들고
비스듬히 서 있는
지금은 시월
오후
3시
그 너머 세상이 느껍도록 환하다.

2013년 가을
이태순

따뜻한 혀_ 이태순 시조집

1

2

3

4

이 태 순 시 조 집 _ 따 뜻 한 혀
01 Sijo Poems by Tae-Soon Lee
1 part

먼 곳 / 저녁 같은 그 말이 / 가을 뒷문 / 일영에 내리는 비 / 그 여름날의 모자 / 귀 / 따뜻한 혀 1 / 따뜻한 혀 2 / 나무의자 / 삿갓구름 / 검은 동굴 / 철원여인숙 / 고요리 / 무명천 / 협립양산

먼 곳

맨정신에 갈 수 없어 가을은 불쾌하다

열꽃 피나 싶더니 젖몸살 다시 앓아

한 모금 마시다 떠난 달빛 휘 저어 보는

까맣게 젖은 잎들 깍지 낀 손을 풀고

갈꽃, 입김 피우는 먼 강의 기침소리

배 한 척 가는가 보다 느리게 가나 보다

저녁 같은 그 말이

늦가을 무를 썰다 느닷없이 마주친

무 속 한가운데 갈라 터진 마른 동굴

창시 다
쏟아 버리고
검은 벽 발라 놓고

알싸한 무밭 건너 가물가물 들려오는

"내 속을 뒤집으면 시커멓게 탔을끼라"

울 어매
청 무꽃 같은
저녁 같은 그 말이

가을 뒷문

돌아보는 날 많아
작은 뒷문 달았다

세상 가장 검고 환한
가장자리 달의 뒷문

금물결
은물결 치는
길은 만리 수만 리

상앗대 저어 가는
먼 기척 그리운 이

생의 절반 가벼워라
가까워진 보름 또 보름

벽오동
문 두드리는
저긴 벌써 가을이다

일영에 내리는 비

일영에 와서 안다
오후 3시 지났다고
기차는 벌써 떠나
나는 저문 간이역
가다가
뒤돌아서면
일영에 비 내린다

딱정벌레 무당벌레
손님이 왔었다고
꼭 부치고 싶었던
편지를 쓴다
붉게 젖은,
지금은
가을이라고
비스듬히 서 있다고

그 여름날의 모자

낭만의 테 두르고
만지면 부서질 듯
바람이 건듯 불 때
비뚜름히 멋을 내는
그 여름
벗어 두고 간
아버지의 중절모

고것 참, 고것 참
개복숭아 눈길 주며
앞섶을 펄럭거리며
불쾌하니 홍얼거리며
왁자한
그 저잣거리
지나고 계시겠지

귀

연밭의 시퍼런 귀
저 큰 귀를 빌립니다

"물은 제 길로 흐르니더, 물은 제 길로 흐르니더"

그 말이 이제 들립니다
엄마!
그 말 알 것 같습니다

따뜻한 혀 1

부지런히 걸었다 안개가 자욱했다
조기 한 마리 들고 담장 너머 들여다볼 땐
이슥한 밤이 되었다 소쩍새가 울었다
모과빛 미닫이문에 낯익은 이 얼비치고
미닫이문 사이로 향 피우는 냄새가 났다
한 그릇 물 받쳐 들고 가만히 문을 열자
주억거리며 반기는 건 늙은 소가 아닌가!
주춤주춤 물러서는 손등을 핥아 주었다.
찾아 줘 고맙다면서, 잊지 않고 와 주었다며
아이가 밤똥 누는지 별똥별이 떨어지고
별똥을 주우러 간 워낭소리 멀어지고
안개가 다시 몰려왔다 온통 안개뿐이었다
안개 더미에 발을 헛디뎌 할아버지를 불렀다
그 메아리 소리에 놀라 눈을 번쩍 떴다
손등이 아직 따뜻했다 더 잠들고 싶었다

따뜻한 혀 2

꿈을 꿨다,
풀 한 짐 지고 우두커니 서 있는

고요해서 슬펐다
풀 한 짐이 시들었다

천리 길 만리 떠나는 워낭소리 들렸다

핏물 밴 풀 뜯어먹다 배가 고파 울었다

붉은 흙을 뒤집어 쓴
어미 소가 걸어왔다

다 헐은 혓바닥으로 연신 핥아 주었다

나무의자

저 낡은 나무의자 그 앞에 이르기까지

백년,
아득하다
풀잎 밟아 돌아서고

몽돌의 까만 귓불은 닳아지고 없는데

다 삭은 나무의자 무릎에 등 기대고

구절초
피고 진다
마른 냄새 가득하다

보랏빛 다시 올 가을 저물어 가는데

삿갓구름

포목점에 걸린 수의 꽃보다 어여쁘다
흙내 나는 누룩 빛 무궁无窮에서 노닐다*
흰나비 날갯짓 같은 삿갓구름 한 단 같은

베옷 입고 배웅한 그때가 언제였나
찔레, 향을 피워 밥알 펴 올리는데
그렇지 죄인이었지 봄빛 한 술 못 얹은

* 『장자』 「내편」 에서 인용.

검은 동굴

시커먼 기침 소리 가루 푸석 날리는

길고 긴 막장 끌고 동굴이 걸어왔다

어미의 자궁 속 깊이 웅크리고 싶었다

벗어 둔 동굴마저 휴식 없는 저 백야

박쥐 날아다니는 덜 마른 동굴 입고

아버지, 아버지들이 막장으로 다시 간다

철원여인숙

북으로 난 3번 국도
봄물 든 기차 소리

평화이발관
철원여인숙
틈새 낀 옛날 다방

봄빛을 찍어 바르는
연분홍 치마 끄는

연둣빛 눈두덩이
마담 아직 있을까

한 스푼 푸념 저어
염문 찰랑거리는

그곳이
어디쯤일까
봄날 다 가는데

고요리

마르다 만 나뭇잎이 문구멍을 가리는

두 손으로 감싸면 포옥 덮일 것 같은

십이월 아궁이 닮아 텅 비어도 아늑한

부르면 깜짝 놀라 숨어 버릴 것 같은

자박자박 갈잎 밟는 가장자리 별의 마을

해묵은 저 사과 냄새 그믐날이 가깝다

무명천

낯달 반쪽 뒤에 두고 여승이 종을 쳤다

차갑고 너무 말간 하늘빛 감당 못해

다 해진 무명 옷자락 하염없이 삭아 간다

바람결에 살짝 뷘 여승의 하얀 볼이

눈 오는 아득한 날 눈멀도록 빛이 나던

그대는 누구시던가 낯설고 낯익었다

협립양산

햇살 몇 개 부러진 오후만큼 기울어진
둥근 꽃밭 확 펼치자
무더웠던 그 여름
울 엄마 꽃송이 지고
내 생이 든 꽃그늘

꽃물이 뚝 뚝 질까
아까워 들지 못했을

입술연지 훅 퍼지는
꽃밭 빙빙 돌리며

접었다 펴 보는 사이 간간이 꽃이 피네

이태순 시조집_따뜻한 혀
02 Sijo Poems by Tae-Soon Lee
2 part

끝물처럼 / 흔들리는 저녁 / 주산지 / 달 / 동거 / 은환 銀環 / 금모래 은모래 / 팽팽한 봄 / 꽃은 핀다 / 오후 4시 / 봄날의 밥상 / 복사골 / 고모네 집 / 고욤나무 큰집 / 당포리

끝물처럼

떠밀려 다다른 곳 무거워서 미안하다

묵묵히 살아온 죄 지고 끌고 오르며

한순간 탁 놓고 싶은, 절정 뒤 끝물처럼

벼랑 비틀 건너는 외발의 수레바퀴

한계령 지나는 건 배 한 척 만나는 일

희끗한 억새꽃 너머 외발의 저 뒷모습

흔들리는 저녁

덜컹덜컹 흔들리며 야윈 어깨 들썩이며
막차에 주저앉아 울고 있는 저 사람
그저께 마시고 버린 쭈그러진 빈 병 같아

창밖엔 진눈깨비 숨 가쁘게 매달린다
산다는 건 순간순간 흩날리는 하얀 절망
종착역 산 언덕배기 불빛은 걸려 있다

허물다 만 재개발지구 거품 문 개 컹컹 짖고
팔짱 끼고 내려보는 전봇대 그늘 깊다
폭설이 쏟아지려나 밤안개 자욱하다

주산지

죽어서도 살아서도 물을 딛고 바라보는

왕버들 백 년의 눈빛 지척에 둔 별리입니다

물빛을 길어 간 그 별 발자국이 남았습니다

가물어 흙 날리는 나의 전답田畓을 댑니다

물꼬를 터 놓습니다 진초록 앞섶입니다

원시의 젖을 물리는 물안개 낀 새벽입니다

달

새벽을 기다리는 불면의 불안한 방
문틈 사이 긁어 가며 고양이가 카랑 울고
흐릿한 달빛이 놀라 화들짝 달아난다

느닷없이 붙어 버린 그 이름 베이비부머
알코올 배인 어둠 무거움을 끌어안고
꽃벽지 램프를 켜며 벽 너머 귀 세운다

동거

이제 생각해 보니 십 년도 넘었는걸

허기져 갈 때마다 속 깊이 헤집었던

냉장고 문짝을 열면 오랜 노동의 냄새

부글부글 들끓는 내 열기 식혀 주며

숨죽여 흘린 눈물 웅크리고 들어 있나

때 절은 얼룩점들이 부끄럽게 피어 있다

이별할 날 머지않아 그 옆에 누워 본다

말없이 주고받는 뼈마디 삐걱거리고

익다가 죄 시어 버린 우린 서로 익숙하다

은환 銀環

개기월식 시작이다
은환 물고 앉은 둥지

나뭇잎을 덮어 줘
저 의식 끝날 때까지

잠시만
잠시만이라도
꽃잠 들고만 싶어

천 년,
품어 안을
청동의 새야
새야

손대면 폭삭 삭을
비단 깃이 떨리누나

사랑아

녹물을 닦는

고전의 내 사랑아

금모래 은모래

금모래 은모래
저 냇가
그래 맞아

찰방찰방 걸어가면 복사뼈 발개지고

조약돌 재잘거리던 고 작은 입 투명했지

간지러워
간지러워
땅의 실밥 톡 톡 터져

초록 뱀
눈을 뜨는
냉이 향 훅 번지는

봉긋한 분홍언저리 숨소리가 가빴지

팽팽한 봄

비무장지대 드나든 암고양이 배가 볼록하다

스르르 풀린 머플러 바람 따라 날아가고

아직은 팽팽한 봄이 간이역에 앉아 있다

엄마야 누나야 강변 살자 강변 살자*

진달래 흐드러진 아슴푸레한 강 건너

언젠가 꼭 만나야 할 사람들이 따스하다

---

* 김소월의 시 인용.

꽃은 핀다

바다를 떠올리며 비늘 묻은 술잔 든다

바다가 보기 싫다 비릿한 술잔 든다

검푸른 입 속의 독기 살자 하니 꾹 삼키며

거대한 물의 벽에 붙어 느리게 퍼덕인다

물 끝에 베이고 아물다 터져 버린

그 사내 가진 거라곤 상처마다 맺힌 꽃

꽃대 뭉텅 잘라내도 꽃이 자꾸 올라와

아무나 피울 수 없는 꽃들이 흐드러진다

사내는 쿨룩거리며 꽃잎 툭툭 뱉는다

오후 4시

FM 95.9에서 흘러나오는 갈잎 든 중년의 말

— 고속도로 IC에서 도로비 내는 순간 그 얼굴 쳐다보고 깜짝 놀랐어요 그 이름 석 자 한눈에 알아보았어요 정신없이 빠져나와 갓길에 오래 서 있었어요…… 그대 꽃 같은 그대, 그대 꽃 같은 그대, 지금도 그대는 나의 꽃입니다, 어디서든 행복하시길 빕니다,

첫사랑 가을이 머문 차창 밖은 오후 4시

봄날의 밥상

휘돌아서야 보이는 조붓한 길을 따라

푸석한 검불 속에 연둣빛 물이 오른

새똥이 하얗게 묻은 대문 없는 동그란 집

무덤 사이 할미꽃 할미새 울다 가고

지팡이 짚어 가며 소풍 나선 이 불러

이팝꽃 봄빛을 섞어 환한 밥상 차리네

복사골

먹구름만 스쳐가도 검정 때 묻을까 봐
날개 톡톡 털어내는 꽁지 짧은 새가 날고
연둣빛 봉긋해지는 마을일 것 같았다

얇디얇은 복사꽃 발그레한 숨소리
한 잎 두 잎 포개 보는 봄날 떨리는 봄날
안달 난 생각은 벌써 마을 몇 번 다녀왔다

장지문 달빛 흘려 하르르 뱉어 버린 말
행여 당도하기 전에 그 말 떠내려갈지 몰라
며칠째 눈 꼭 감아도 흰 발목이 다 젖었다

고모네 집

봉긋봉긋한 뒷산을 허기진 새가 넘어올 때
고모가 씌워 놓은 사과봉지 서너 개를
겉늙은 사과나무는 슬며시 벗겨 냈다

달 뜨는 우물가 우물을 퍼 마시고 자란
모과나무 휜 가지 가을이 깊을 무렵
고모네 장지문에도 모과빛이 돌았다

초저녁잠 많은 고모 두 잠째 달게 들고
맨발로 쪼그려 앉은 올망졸망 장독들이
까만 눈 반짝거리며 도란대고 있었다

고욤나무 큰집

제삿날 많은 큰집이 계집애는 부러웠다
사금파리 모래 섞인 흙무더기 반짝거려
징검돌 건너가는 데 한나절이 걸렸다

풋 감물 밴 앞섶 풀벌레 날아들고
강아지풀 스칠 때 정강이 간지러워
큰 대문 보일 듯 말 듯 까치발 자꾸 했다

새털구름 그늘 따라 길은 더 투명했다
거뭇한 휘 늘어진 고욤나무 속엔 아직
두 볼이 빨간 계집애 기웃거리며 숨어 있다

당포리

입 무거운 사람처럼
고요한 사람처럼

꽃 지고 매달린 말
둥글어 가는 사과나무

당포리
윤오월 빛은
흠집 없이 촘촘하다

이 태 순 시 조 집 _ 따 뜻 한 혀
03 Sijo Poems by Tae-Soon Lee
3 part

청암사

그대,
초가을입니다
잘 마른
꽃살문입니다
무릎 해진
의자입니다
돌아보면
숨습니다
갈 길이
어긋나 버린
때늦은
폭설입니다

비

내리는 비 뚝뚝 잘라 국수를 끓이지요

술비
떡비
잠비
약비

이승
훗승
길이라면

그대여
많이 드세요
그 길 놓지 말아요

강변에서

우리 앞에 놓인 것은
강변 위의 간이역

숨 가쁘게 흘러와
손을 잡고 손을 놓는

어쩔 수 어쩔 수 없다
이별은 물 같은 것

어지간히 낡아야
보낼 수도 있는 법

출렁이는 너의 이마
짚어 줄 수 있는 법

모래밭
모래알처럼
아무것도 아닌 듯이

한계령

단풍 몇 장 끼워 넣은 부의賻儀봉투를 들고

새 한 마리 눈 붉은 내설악 지나갈 때

어디서 군불 때는지 복사뼈가 따뜻하다

무시로 지어 보던 암자에 불이 밝다

빈손으로 오라는 걸 말 없어도 안다, 안다

축제다, 길눈 어두워도 배웅하기 참 좋아라

환한 감옥

골짜기 지나 그만, 계집애 붉게 홀려

길을 잃고 갇혔다

자지러지게 꽃잎 타는

뜨거워
아! 뜨거워라
분홍빛 환한 감옥

그 봄날 덴 자리 꽃이 진 지 이미 오래

눈 짓무른 늙은 계집
짐짓 길 잃은 척할 때

한 번 더
날 홀려 다오
진달래 진달래야

슬픈 1월

– 아이티 소년에게*

탕! 탕! 총 맞았어요, 거짓말처럼 총 맞았어요

지나가던 트럭에서 쌀자루가 떨어졌어요, 배가 고파 주웠어요 약탈은 아니에요, 소년이 쓰러져 부들부들 떨어요, 총부리 옆에 쌀자루가 나뒹굴고 있어요, 사지 부르르 떨며 소년이 손 내밀어요, 엄마! 엄마! 연기가 나요 밥 짓는 냄새가 나요, 팔 다리 허우적거리는 엄마 건조하게 울부짖어요, 소년이 누운 바닥 꽃물이 질펀해요, 비릿한 표정으로 소년이 날 쳐다봐요, 텔레비전 화면을 난 자꾸 어루만져요, 흙먼지 뒤덮어 쓴 꽃물이 뜨거워요

지구가 막 흔들려요 꽃물이 식어 가요

---

* 2010년 1월 지진이 일어난 아이티, 구호품을 싣고 달리던 트럭에서 쌀자루가 떨어져, 그 옆에 서 있던 소년이 쫓아가 쌀자루를 주웠는데, 경찰은 소년이 쌀자루를 약탈하는 줄 오인하고 소년에게 총을 쏘았다 했으며, 구급차는 끝내 오지 않았고 소년이 죽어 가고 있다는 텔레비전 뉴스를 접했다.

죄송합니다

A4 용지에 써 걸어 둔 이별편지 팔랑인다

키울 수가 없어 묶어 놓습니다 데려가서 키우실 분은 키우시고 장기간 묶여 있을 때는 유기견 센터에 연락해 주세요 죄송합니다

구겨진 담요 한 장이 노숙으로 달랑 남은

오들오들 떨고 있는 안개 속 슬픈 지린내
저토록 잔인하게 뻥 뚫어진 편지는
어젯밤 실컷 울다가 적신 흰 손수건 같다

문 밖의 저녁

식솔들 업고 안고 실직가장이 차려 놓은
묵은지 삼겹살집 간판불이 환했다
아이 둘
식당 앞에서
밤늦도록 놀았다

별빛 달빛 틈틈이 손님처럼 오시는데
갈수록 텅 비어 가는 묵은지 삼겹살집
아이 둘
식당 안에서
그림 가득 그렸다

길 건너 느티나무 긴 그늘 밟아 가며
파지 실은 리어카가 저녁 무렵 지나가고
문 밖에
쪼그린 식솔
새 떼같이 앉아 있다

함성

백 마리
천 마리
수만 마리
저 새 떼

동백꽃
붉은 함성
날개 다친
희디흰 새

까맣게
퍼덕거린다
몽환의
바리케이드

강 건너

부끄러워 숨은 듯 비스듬히 돌아앉은
저기 저 백포 마을 배꽃 처음 벙글던
눈발 더 거세게 내려가 닿을 수 없어라

사나흘 한 달포쯤 아니 아니 몽환의 밤
한사코 숨은 백포 어서 가자 끄는 금포
나룻배 아득해지는 동짓달 나는 빈 강

모래밭 희끗희끗 깃 날리는 사람아
감춰도 죄 보이는 남루의 언어들을
켜켜이 덮어 주겠니 첫 잎 한 장 남기고

메밀국수

메밀국수 집이 있는
신탄리 가고 싶다

봄은 멀어 흐리고 비
불 꺼진 간이역에서

젖은 눈 닦지 않아도
빗물인지 알겠지

만성의 감기 달고
쿨룩거리는 사람아

얽히고설킨 것들
맵게 비벼 먹다 보면

사람아
땅 밟은 사람아
메밀밭이 보이잖니

꽃잎

여름이 다 가도록
한 뼘도 크지 못한
순이 닮은 봉숭아
병색이 완연하다
열여섯 끌려갔다가
돌아온 할머니처럼

핏방울 만한 꽃봉오리
겨우 내민 처서 무렵
눈으로 더듬어도
손끝마다 이는 통증
충혈된 긴 밤을 지나
싸늘히 핀 꽃잎 한 장

남장을 지나며

절집 아래 마을은 초겨울이 환합니다

처마마다 감을 걸어 달이 일찍 뜹니다

낡을 것 더 없습니다 가릴 것도 없습니다

등짐을 잠시 벗고 잿빛나무로 서 있습니다

대숲 바람소리에 또 길 잃을 뻔합니다

마음의 절집은 멀어 보이지도 않습니다

눈 오는 날

방치된 양철 지붕 밥알이 소복하다

몇 끼를 건너뛴 등 굽은 이 끌어안고
고봉밥 퍼 먹고 싶다
은 숟갈 달 있다면

연초록 꽃대 내민 아이들 털장갑에
송이송이 수만 송이
음덕陰德을 쌓고 있는

불 켜도 어두침침한 골목이 환하다

둥근 길

진흙 속을 헤맸다
뿌리 깊이 내리느라

못물에 비친 꽃살문
문고리 가만 당기면

만날 이
꼭 만날 것 같은
너른 연밭 그 둘레

둥그런 연잎사귀
푸르른 길 돌고 돌아

봉오리 밀어 올려
한 겹 한 겹 벙그는 날

멀구나
천리 만리 길
어지러워 어지러워라

이 태 순 시 조 집 _ 따 뜻 한 혀
04
Sijo Poems by Tae-Soon Lee
4
part

새 / 새 똥 / 사 진 첩 / 떡 갈 나 무
의 자 / 문 경 새 재 / 그 릇 / 오 래 된 사 육 / 산 빛 물 빛 펼 쳐
놓 고 / 할 배 야 참 이 상 하 다 / 슬 픈 나 비 / 독 도
아 이 야 / 보 산 동 / 귀 파 골 멍 갓 / 물 갬 나 무 / 가 을 저 편

새

꽃살문에 기대어
부러 귀가 멀었다

사월 초이레 연등이
푸드덕 홰를 친다

큰 법당
한바퀴 돌아
새는 높이 날았다

얘야 얘야 먼 길 갈 때
새가 되면 좋을 거나

이승의 결박 풀고
훨훨 날면 좋을 거나

아! 저 새
가 버렸구나
할머니 울 할머니

새똥

새똥이 떨어졌다
쓱 문지르자
훅 번지는

외갓집 가새뽕나무
꽃이 막 피고 있나

입 안에 가득 고이는
시금떨떨한 먼 생각

지금 비 오려나 봐
흙 비린내 잔뜩 묻힌

발가락 붉은 새가
날아가는 그때 그곳

토도독
검자줏빛 오디
까맣게 도드라지는

사진첩

도랑물이 흐르는 낯익은 봄날이다
벗어 둔 아이 신발 초록물이 가득한
그 길은 아득하기도 다시 만날 길이기도

살구꽃 흐드러져 지붕을 덮어 버린
이 크고 작작灼灼한 집 나무대문 틈 사이
밥 짓는 저녁연기가 끝없이 구수하다

어느 일가 다 모인 술이 익는 잔칫날
이별을 많이 한 큰고모 희디흰 목이
한 뼘은 길게 늘어져 메꽃처럼 피었다

떡갈나무 의자

나무 향 물씬 나는 어미는 팽팽했다
땡볕을 가려 주며 찬바람 막아 주며
엉덩이 토닥거리며 젖 물리던 시간 지나

고봉밥 품어 봐도 무릎 시린 단풍 들어
가만히 등 기대 본다 짙푸른 심장소리
아이들 젊고 커다란 떡갈나무 되었다

그 그늘 부드러워 누웠다 일어날 때
기우뚱 삐걱대는 붉게 젖은 무안이어라
늦가을 고풍스러운 늙은 어미 저 의자

문경새재

경상도 문경 땅 주흘主屹이 문을 연다
낮은 마을 감싸 안은 골짜기 깊어지고
무량한 조선의 산빛 꼿꼿하다 부드럽다

돌이 돌을 떠받드는 긴 성벽 저 강골의 힘
먼 왕조가 머물렀을 그 자리 버티고 선
물박달 개오동나무 먹물 툭툭 찍고 있다

벼락 치는 폭포 소리 한 획 굵게 내리긋고
웅지의 날 벼리는 영남 선비 서늘한 눈빛
두꺼운 역사를 쓰나 새재 길 짙푸르다

그릇

우물이 메워지고
옛 것 다 사라지고
눈에 익은 내 것도
함부로 가질 수 없을 때
아버지
봉당에 내놓은
애기 놋그릇 한 벌
생일마다 받아먹은
유년의 둥근 밥그릇
선뜻 집지 못하고
망설이는 등 뒤에서

"니 꺼다, 가져가거라 닦을수록 윤 나는기라"

오래된 사육

도화 필 때였지 아마,
정순이가 찾아 줬어
나 모르게 같이 커 온 얼룩무늬 또 하나의 나
송송송 주근깨 박혀 그늘에 숨어든 꽃

정글 어슬렁거리다 늪에 빠진 표범 같아
우기 가까워지면 욱신욱신 들쑤시는
울 수도 웃을 수 없어 발톱만 긁어대는

사수자리 꽃일까 길 잃은 짐승일까
비감의 열꽃들이 몽글몽글 부풀 때
목덜미 늘어뜨리고 눈빛 희게 비우는

얼마나 힘들었을까
벼랑 진 어깨 달라붙어
너무 오래 가두어 둔 사육 이제 끝낼게
내 왼쪽 날개를 뽑아 훠이훠이 가거라

산빛 물빛 펼쳐 놓고

– 맹사성

천둥 치고 벼락 쳐도 꼿꼿이 걸었으리

거친 물살 휩쓸려도 젖지 않을 큰 힘이라

가벼이 푸른빛 타고 저 어른 오시는가

산빛 물빛 펼쳐 놓고 천년바위 먹을 갈아

연잎에 새긴 일갈一喝 북궐 향해 펄럭이니

민심을 잘 읽어 보라 그 말씀 하시는가

할배야 참 이상하다

우리집은 소침쟁이네 집이라고 불렀다
내가 지나갈 때도 소침쟁이 손녀라 했다
겁 많은 송아지처럼 할배 따라다녔다

할배야 이상하다 왜 자꾸 소가 죽노
시방 땅속에서 소울음이 들린다카이
할배가 여 있었으믄 벌써 다 고쳤을낀데

할배는 소들의 먼 조상이었나 보다

두루마리 장서에 소의 혈자리 그려져 있던, 일만 하다 쓰러져 가는 소, 혈을 짚어 장침을 내리꽂던, 질경이 씨 한 홉 비상 조금…… 아슴푸레 생각나네 막걸리 한 되에 타서 됫병 가득 채우고 소입 크게 벌리고 먹이믄 된다캤제, 예천 안동까지 병이 난 소 고쳐 주러 다니던 할배야 우야만 좋노 말 못 하는 소떼들이, 시방 입이 헐어서 생매장 된다카이

할배야 참 이상하다 왜 자꾸 소가 죽노

슬픈 나비

그런 날이 있었다
어두운 날 있었다

땅강아지 기어갈 때
곤충처럼 울었다

빈집의 사랑니 뒤에
자다 깬 날 있었다

알약을 먹는 사이
내 집은 파닥이고

박쥐 숨은 동굴 깊이
불안한 봄이 왔다

허방을 짚어 대다가
나비는 날아갔다

독도 아이야

돛단배 띄워 줄까 구름다리 놓아줄까

이 땅의 착한 아이야 봄빛 입은 아이야

독도는 할아버지다 잠 못 이루는 아버지다

외풍을 막아내며 거센 바다 누르는

서슬 퍼런 눈빛이다 꺼지지 않는 잉걸불이다

아이야 동해를 보라 먼 바다 너머까지

뜨거운 입김 모아 독도야 불러 보자

천지가 진동할 징을 쳐라 북 울려라

아이야 독도 아이야 횃불 들고 달려오라

보산동

보산동 지날 때는 금이가 생각난다

쪽방 껴안고 붉게 핀 금이 닮은 접시꽃

해마다 먼 길 돌아와 피 토하는 누이야

보산동 지날 때는 비가 많이 내린다

담벼락 기댄 금이 맨발이 꽃잎이다

오작교 다다랐는가 접시꽃 내 누이야

귀파골 멍갓*

호랑이하고 싸워도 갓은 온전했다네요

옛날에 백포금포 강변을 따라 걷는 할배 뒤를 강아지가 졸졸 따라왔다네요, 탐스런 강아지를 주워 온 게 화근이었지요 산지기에게 키우라고 준 게 화근이었지요, 며칠 지나 늦은 밤 강을 건너던 할배, 번쩍번쩍 불을 켜고 다가오는 큰 짐승을 보았다지요, 달려드는 그 큰 짐승과 밤새도록 싸웠다네요, 두루마기, 옷고름 다 찢기고 만신창이 돼도 "이놈! 다른 건 다 건드려도 내 관은 건드리지 마라" 했다네요, 그랬다네요 "이놈! 다른 건 다 건드려도 내 관은 건드리지 마라" 새벽에 돌아온 할배, 산지기에게 그 강아지 주워 온 자리에 갖다 놓으라 하고 사나흘 혼절했다네요

밤새껏 호랑이하고 싸운 할배 갓은 온전했다네요

* 지명.

물갬나무

산길에서 그만 주르르 미끄러지다
한순간 탁 잡았다
거칠거칠한 손이다
괜찮니,
누런 잎사귀 흔드는 물갬나무

어디선가 본 것 같은
헛기침을 한 것 같은
크고 작은 나무들 사이
가장 늙고 병이 든
아버지
낯익은 뒷등
오래 기대어 섰다

가을 저편

외곽은 늘 추웠다
달이 뜨길 기다렸다

주머니 단풍 꺼내 볼을 비벼 주어도
파리한 속눈썹 떨며 별 하나 멀어졌다

가을 저편
희미한
달을 건져 올렸다

귀 떨어진 달의 둘레 오동잎을 달았다

메마른 입술이 닿은 쪽배 한 척 떠났다

작품 해설

세계를 쓰다듬는 '따뜻한 혀', 그 대지적 모성성

세계를 쓰다듬는 '따뜻한 혀', 그 대지적 모성성

– 송기한(문학평론가)

이태순 시인이 2008년『경건한 집』출간 이후 두 번째 시집을 상재하였다. 시세계의 성격에 있어서 근원적인 것을 향한 기억의 도정을 감각적으로 표현하고 있다는 점에서는 첫 시집과 일맥상통하고 있다고 할 수 있겠다. 그렇다면 첫 시집에 견주어, 두 번째 시집『따뜻한 혀』가 함유하고 있는 발전적, 혹은 차질적인 점이 있다면 무엇일까. 그것을 다소 단선적으로 언표화한다면 인식의 확장성이라 할 수 있을 것이다. 특히 이태순의 시는 이러한 인식의 확장이 경계를 무화시키는 데에까지 나아가고 있다는 점에서 의미가 깊은 경우이다.

그의 인식의 틀은 자아의 내면으로부터 타자의 삶으로, 나아가 사회나 세계의 구조적 모순에까지 심화・확장되고 있으며 이를 통해 삶과 사물에 대한 존재론적 통찰을 성취하고 있다.

그런데 이태순의 시에서 이러한 과정은 전통 서정과 리얼리즘, 모더니즘의 경계를 가로지르는 가운데 이루어지고 있으며 나아가 인간과 사물, 주체와 객체의 경계를 무화시키기에까지 이르고 있다는 점이 차질적이라 할 수 있는 것이다.

또 다른 한편으로 이러한 인식의 확장성에도 불구하고 이태순의 시에서는 어떠한 경우에라도 객체와의 대립각을 세우고 있지 않다는 점에 주목할 만하다. 자연에 동화되는 정서적 자아로부터 소외된 계층이나 그 구조적 모순에까지 확장되고 있는 인식성 속에는 그에 대한 비판의식 또한 배태되어 있을 법하지만 이태순의 시에서는 이를 표나게 드러내지 않고 독자의 몫으로 남겨 두고 있다. 그의 시에는 그저 대상의 상처가 고스란히 드러나 있을 뿐이고 그 상처에 기투하고 있는 시적 자아의 연대가 형상화되어 있을 뿐이다. 이태순의 시에 대해서는 어떠한 주제의 시에서라도 따뜻한 공명을 느낄 수 있을 것이라는 신뢰랄까 그러한 믿음이 생기게 되는데, 이러한 신뢰 또한 동일한 맥락에서 연원하는 것이 아닌가 한다.

그렇다면 이러한 시적 특징은 어디에서 기인하는 것일까. 그것은 시적 자아의 심연에 내재해 있는 근원적인 것, 더 구체적으로는 뿌리 깊은 모성성으로부터 연원하는 것이라 할 수 있다. 그것은 다른 말로 하면 이태순 시의 특장이라 할 수 있는 웅숭깊은 서정성의 기반이 되고 있는 것이 바로 아픈 모든 존재를 긍휼히 여기고 따뜻하게 감싸 안는 대지적 모성이라는 의미도 된다. 이태순의 시에서는 대체로 어머니에 관한 시, 모성을 형상화한 시에서 절정의 서정성을 발현하고 있는데 이 또한 동일한 맥락에서 설명될 수 있을 것으로 보인다.

"내 속을 뒤집으면 시커멓게 탔을끼라"

울 어매
청 무꽃 같은
저녁 같은 그 말이

—「저녁 같은 그 말이」 부분

꿈을 꿨다,
풀 한 짐 지고 우두커니 서 있는

고요해서 슬펐다
풀 한 짐이 시들었다

천리 길 만리 떠나는 워낭소리 들렸다

핏물 밴 풀 뜯어먹다 배가 고파 울었다

붉은 흙을 뒤집어 쓴
어미 소가 걸어왔다

다 헐은 혓바닥으로 연신 핥아 주었다

— 「따뜻한 혀 2」 전문

「저녁 같은 그 말이」에서 이태순 시의 모성성의 일면을 간취해 볼 수 있는데 '시커멓게 탄 속'이 바로 그것이다. 어머니들에게서 흔히 들을 수 있는 "내 속을 뒤집으면 시커멓게 탔을끼라"라는 언술은 대체로 자식들 때문에 '애태우는 일이 많았다', '속상한 일이 많았다' 정도로 해석되는 것이 일반적인데 이태순의 시에서 그것은 보다 구체적으로 긍휼히 여기는 마음에 대한 형상화로 의미지어진다.

이는 이태순의 시 중에서도 백미라 할 만한 「따뜻한 혀 2」에서 "다 헐은 혓바닥으로 연신 핥아 주"는 행위와 등가를 이루는 언술이다. 보통 정서를 직접적으로 표출하는 경우 시적 긴장이 떨어지는 한계를 노정하게 되는데 위에서 인용한 「따뜻한 혀 2」에서도 "고요해서 슬펐다", "배가 고파 울었다" 등과 같이 형상화의 과정 없이 정서를 직접적으로 노출하는 양상을 확인하게 된다.

그런데 그럼에도 불구하고 이 시에서는 행과 행 사이, 연과 연 사이에서 팽팽한 긴장을 유지하고 있어 이채로운 경우에 속한다. 나아가 이러한 정서의 노출은 대지적 모성 앞에서의 나약한 유아적 자아를 형상화하기 위한 방법적 전략으로 보인다. 보호막 없는 외재적 존재로 현현되고 있는 시적 자아를 '어미소'로 표상되는 모성은 '시커멓게 탄 속'으로 품어 주고, '다 헐은 혓바닥으로 연신 핥아 주'고 있는 것이다.

그런데 이태순의 시에서 이러한 모성성은 단순히 어미와 자식의 관계성에 그치는 것이 아니다. 이 대지적 모성성이 인식의 확장된 영역만큼이나 다양한 대상들에 고루 미치고 있다는 데에서 이태순의 시의 진정한 의의를 찾을 수 있는 것이다.

식솔들 업고 안고 실직가장이 차려 놓은
묵은지 삼겹살집 간판불이 환했다
아이 둘
식당 앞에서
밤늦도록 놀았다

별빛 달빛 틈틈이 손님처럼 오시는데
갈수록 텅 비어 가는 묵은지 삼겹살집
아이 둘
식당 안에서
그림 가득 그렸다

길 건너 느티나무 긴 그늘 밟아 가며
파지 실은 리어카가 저녁 무렵 지나가고
문 밖에
쪼그린 식솔
새 떼같이 앉아 있다

—「문 밖의 저녁」 전문

우리 주변에서 너무 흔하게 볼 수 있는 경우에 해당되는 문제들의 경우, 그것이 그 대상에게는 아무리 고통스러운 실존의 문제라 하더라도 제 삼자에 해당하는 객체에 있어서는 보편적, 일반적이라는 명명 아래 구체적이고 개별적인 사안으로 인식되기 어려울 수 있다.

위의 인용시에서 그리고 있는 상황 또한 우리 주변에서 흔히 접하게 되는 문제에 해당하는 것인데, 실직가장, 혹은 퇴직가장이 '식솔들'과 살 방편으로 퇴직금을 털어 마련한 식당이 부진해 절망적 상황에 놓이게 되는 경우가 바로 그것이다. 그런데 위 시에서는 직접적으로 정서를 언술화하고 있는 「따뜻한 혀 2」에서와는 달리 정서의 표현을 극히 절제하고 있으며 구구절절한 사연 또한 생략하고 있다. 단지 고통의 현실에 피투된 존재의 공간을 표상하고 있는 '묵은지 삼겹살집'을 중심으로 어느 하루 저녁의 정경을 '아이 둘'의 동선을 따라가며 담담하게 그리고 있을 뿐이다.

"식당 앞에서 / 밤늦도록 놀"고 있는 아이들, 시간이 지나 "식당 안에서 / 그림 가득 그"리고 있는 아이들의 모습을 따라가는 시적 자아의 시선에는 연민과 애정이 가득하다. 이 시선은 흡사 "다 헐은 혓바닥으로 연신 핥아 주"고 있는 어미 소의 심정에 견줄 만한 것이다. 무구한 아이들의 행동 하나하나에 시적 자아는 애정과 안쓰러움의 눈빛으로 연신 쓰다듬고 있기 때문이다.

나아가 그 시선은 '파지 실은 리어카'를 끌고 가는 '길 건너'

의 대상에까지 확장되고 있다. "길 건너 느티나무 긴 그늘 밟아 가며 / 파지 실은 리어카"를 끌고 가는 인물이나 '문 밖'에 '새 떼같이' 쪼그리고 앉아 있는 '식솔'들이나 경계 밖에 존재하는 대상들이라는 점에서는 공통적이라 할 수 있다. 시적 자아의 모성적 시선은 결국 경계 밖의 소외된 존재들에게로 향하고 있었던 셈이다.

여름이 다 가도록
한 뼘도 크지 못한
순이 닮은 봉숭아
병색이 완연하다
열여섯 끌려갔다가
돌아온 할머니처럼

핏방울 만한 꽃봉오리
겨우 내민 처서 무렵
눈으로 더듬어도
손끝마다 이는 통증
충혈된 긴 밤을 지나
싸늘히 핀 꽃잎 한 장

—「꽃잎」 전문

「꽃잎」은 '열여섯에 끌려갔다가 돌아온' 위안부 할머니를

'봉숭아'로 형상화한 시이다. '열여섯'이라는 숫자에 담긴 아픔을 '핏방울 만한 꽃봉오리'로, '할머니'가 홀로 감내해야 했던 상처와 고통의 긴 세월을 '충혈된 긴 밤'으로 표상하고 있다. 사실 우리에게 위안부 할머니들의 상처란 실존적인 것이 아니라 관념적이고 추상적인 차원에서 감지되는 것일 뿐이다. 그나마도 특별한 계기가 없는 한 이들의 상처가 우리의 일상 속으로 육박해 들어오는 경우는 거의 없다고 보아도 그리 틀린 말은 아닐 것이다. 이들의 상처는 우리에게 날것 그대로의 상처나 아픔으로 전달되는 것이 아니라 거기에서 한 차원 걸러진 어떠한 정서적인 것으로 전화되어 수신된다는 의미이다. "여름이 다 가도록 / 한 뼘도 크지 못한 / 순이 닮은 봉숭아"란 바로 사회의 인식 범주로부터 배제된 이들 존재를 표상하는 것이라 할 수 있다.

그런데 이태순의 시에서는 이렇게 경계 밖의 아픈 존재들을 끊임없이 호명하여 정서적·감상적 차원에서 실존적인 차원으로, 경계 밖의 존재에서 경계 안의 존재로 불러들이고 있다는 데에서 그 시적 특질을 찾을 수 있다. 이 시에서는 '눈으로 더듬는 행위'가 그것이라 할 수 있겠는데 눈으로만 더듬어도 시적 자아에게는 '손끝마다 통증'이 인다는 것에 주목해야 한다. 시적 자아에게 이들의 상처가 정서적인 것이 아니라 '통증'이라는 실존적 감각으로 인식된다는 데에서 의미를 찾을 수 있기 때문이다.

'손끝마다 이는 통증'에도 불구하고 '눈으로 더듬는 행위'는 멈추지 않는다. 이것이 '병색이 완연한' 봉숭아에서 '싸늘한 꽃잎 한 장'이나마 피워 낼 수 있게 하는 모성적 힘인 것이다. 이는 "붉은 흙을 뒤집어 쓴" 채로 "다 헐은 혓바닥으로 연신 핥아주"(「따뜻한 혀 2」)는 어미 소의 행위와 다른 것이 아니다.

> 소년이 누운 바닥 꽃물이 질펀해요, 비릿한 표정으로 소년이 날 쳐다봐요, 텔레비전 화면을 난 자꾸 어루만져요, 흙먼지 뒤덮어 쓴 꽃물이 뜨거워요
>
> –「슬픈 1월」 부분

> FM 95.9에서 흘러나오는 갈잎 든 중년의 말
>
> – 고속도로 IC에서 도로비 내는 순간 그 얼굴 쳐다보고 깜짝 놀랐어요 그 이름 석 자 한눈에 알아보았어요 정신없이 빠져나와 갓길에 오래 서 있었어요 …… 그대 꽃 같은 그대, 그대 꽃 같은 그대, 지금도 그대는 나의 꽃입니다, 어디서든 행복하시길 빕니다,
>
> 첫사랑 가을이 머문 차창 밖은 오후 4시
>
> –「오후 4시」 전문

'아이티 소년에게'라는 부제가 붙어 있는 「슬픈 1월」은 지진이 일어났던 아이티 지역에서 발생한, 구호품을 싣고 달리던 트럭에서 떨어진 쌀자루를 줍던 소년이 경찰의 총에 맞아 죽은 사건을 소재로 쓴 시이다. 이 시에서 시적 자아는 텔레비전

뉴스를 통해 사건을 접한 시청자와 죽어가는 소년 당사자 사이를 오가며 처절하고도 긴박한 상황을 보고 형식으로 전달하고 있다.

위 시는 두 가지 점에 주목하여 볼 필요가 있다. 하나는 이 시에서도 '어루만지'는 행위가 나온다는 것이고, 또 다른 하나는 텔레비전이라는 물질문명의 이기를 매개로 하고 있다는 것이다. 이태순의 시에서 '혓바닥으로 핥는' 행위, '눈으로 더듬는' 행위 등은 모두 모성성의 발현이라는 점에서 동일한 의미역에 속하는 행위라 하였다. 이 시에서는 '어루만지는' 행위가 바로 그러하다. 그런데 이 '어루만지는' 행위가 핥는다거나 더듬는 행위에 있어 차질적인 것은 대상과의 직접적인 관계가 이루어지지 않는다는 점이다.

'비릿한 표정으로 소년이' 시적 자아를 쳐다본다. 시적 자아는 그런 소년을 '자꾸 어루만'진다. 그러나 그가 계속해서 어루만지고 있는 것은 죽어 가는 '소년'이 아니라 '텔레비전 화면'이다. 일반적인 서정시의 영역에서라면 물질, 특히 문명과 관계된 기계물질의 경우 정서라든가 정신적인 것과는 상충되는 의미역에 해당되는 것이다. 그런데 위 시에서는 감성의 소통에 있어서 물질이 전혀 문제되고 있지 않는다. 오히려 시공간을 초월하여 시적 자아가 '소년'과 만날 수 있는 매개가 되고 있는 것이 바로 '텔레비전'이라는 물질인 것이다. 만약 '텔레비전'이라는 물질이 시적 자아와 '소년'의 닿을 수 없는 거리를 상징하는 차폐막으로 의미지어졌다면 텔레비전 속 '소년'의 '흙먼지 뒤덮어 쓴 꽃물'이 시적 자아에게 뜨겁게 느껴졌을 리가 없다.

물질이 대상과 대상 간의 감성적 연결의 매개가 되고 있다는 점에서 동일한 구도를 보여 주고 있는 작품으로는 액자 형식의 모던한 시, 「오후 4시」가 있다. 이 시에서 매개가 되고 있는 기계물질은 '라디오'인데 라디오에서 나오는 사연을 통해 시적 자아는 심연에 내재해 있는 첫사랑과 조우하게 된다. 이 시에서는 'FM 95.9'라든가 '고속도로 IC', '도로비' 등속의 도시적이고 문명적인 용어들이 틈입해 있지만 이러한 문명의 계측성을 상쇄시키고 있는 것이 '그대 꽃 같은 그대, 지금도 그대는 나의 꽃입니다'와 같은 치기스럽달 수 있을 만큼의 무구한 순수 서정이라 할 수 있다.

다시 「슬픈 1월」로 돌아가서, 이 시를 통해 환기해야 할 점이 있다면 경계 밖의 존재라 할 수 있는 '소년'의 죽음이 피상적인 정서 차원에서가 아니라 '뜨거움'이라는 직접적인 감각으로 육박해 들어오는 양태를 확인할 수 있다는 것이다. 이렇게 실존적이고 구체적인 감각의 층위에서 발현되는 서정성이 이태순 시에서 반복적으로 확인된다는 것은, 그것이 우연성에 의한 것이 아니라 시인이 적극적으로 그리고 전략적으로 취하고 있는 시의 방법적 의장이라는 사실을 방증해 주는 것이기 때문이다.

이러한 맥락에서 정제된 서정성이 감성적인 차원에서 머무는 것이 아니라 실존적이고 구체적인 감각으로 현현된다는 것, 그것은 시간과 공간의 경계, 유정물과 무정물의 경계를 무화시키는 데에까지 나아가고 있다는 것, 이것이야말로 이태순만의 고유한 서정성이자 차질적 특질이라 할 수 있을 것이다.

무정물과 유정물, 물질성과 서정성의 교융, 그 경계의 무화를 적실하게 보여 주고 있는 작품으로 「동거」, 「오래된 사육」 등을 들 수 있다.

> 이제 생각해 보니 십 년도 넘었는걸
>
> 허기져 갈 때마다 속 깊이 헤집었던
>
> 냉장고 문짝을 열면 오랜 노동의 냄새
>
> 부글부글 들끓는 내 열기 식혀 주며
>
> 숨죽여 흘린 눈물 웅크리고 들어 있나
>
> 때 절은 얼룩점들이 부끄럽게 피어 있다
>
> 이별할 날 머지않아 그 옆에 누워 본다
>
> 말없이 주고받는 뼈마디 삐걱거리고
>
> 익다가 죄 시어 버린 우린 서로 익숙하다

– 「동거」 전문

도화 필 때였지 아마,

정순이가 찾아 줬어

나 모르게 같이 커 온 얼룩무늬 또 하나의 나

송송송 주근깨 박혀 그늘에 숨어든 꽃

…… 중략 ……

얼마나 힘들었을까

벼랑 진 어깨 달라붙어

너무 오래 가두어 둔 사육 이제 끝낼게

내 왼쪽 날개를 뽑아 훠이훠이 가거라

—「오래된 사육」 부분

「동거」의 소재는 오래된 '냉장고'로, 냉장고는 무정물이며 문명의 이기로 불리는 물질에 해당한다. 그런데 인용시에 등장하는 냉장고를 획일적인 범주에서의 '물질'로 명명하기에는 무리가 있어 보인다. 종국에 가서 이 '물질'은 시적 자아와 동일화를 이루면서 무정물과 유정물, 물질과 인간의 경계를 모호하게 만들고 있기 때문이다.

우선 인용시에서의 '냉장고'는 인간의 조작을 수동적으로 수행하는 도구로서의 '기계'가 아니라 능동적인 의미에서의 '노동'을 하는 객체로 존재한다. 뿐만 아니라 시가 진행되면서 '냉장고'는 물질성에서 벗어나 "부글부글 들끓는 내 열기 식혀 주며" "숨죽여 눈물까지 흘리는" 유정물로 전화하게 된다. '버림'이 아니라 '이별'이라는 언표가 가능한 이유가 바로 여기에 있다. "이별할 날 머지않아 그 옆에 누워" 보는 시적 자아는 "뼈마디 삐걱거리고 / 익다가 죄 시어 버"렸다는, 경계 밖의 존재라 할 수 있는 그 동일성으로 하여 물질의 영역에 속하는 금속성의 기계마저도 '우리'라는 범주 안에 포회시키고 있는 것이다.

「오래된 사육」 또한 무정물에 생명을 불어넣어 교감을 하고 있다는 점에서 「동거」와 동일한 구도에 놓이는 작품이라 할 수 있다. 단지 이 시에서는 기계적 물질이라기보다는 화자가 오랜 시간 동안 의식하지 못한 채 지니고 있어 왔던 어깨 언저리의 모반과 같은 무정물이 객체로 등장한다는 점에서 차이가 있을 뿐이다. 이 시에서 시적 자아는 자신이 의식하지 못한 시간들에 대해서도 성찰하며 그 시간들을 "너무 오래 가두어 둔 사육"이라 칭한다. 나아가 이것과의 이별을 결심하는 순간에도 또한 "내 왼쪽 날개를 뽑아 훠이훠이 가거라"라며 시적 자아와 무정물과의 동일성을 해체하지 않는다.

이처럼 물질성까지 아우를 만큼의 탄탄한 서정성을 견지하고 있는 힘은 어디에서 연원하는 것일까. 이태순 시세계의 축이 되고 있는 서정성의 연원이랄까 그 기반을 묻는다면 다시 근원적인 것, 모성적인 것으로 되돌아가게 된다.

햇살 몇 개 부러진 오후만큼 기울어진

둥근 꽃밭 확 펼치자

무더웠던 그 여름
울 엄마 꽃송이 지고
내 생이 든 꽃그늘

꽃물이 뚝 뚝 질까
아까워 들지 못했을

입술연지 훅 퍼지는
꽃밭 빙빙 돌리며

접었다 펴 보는 사이 간간이 꽃이 피네

—「협립양산」 전문

우리집은 소침쟁이네 집이라고 불렸다
내가 지나갈 때도 소침쟁이 손녀라 했다
겁 많은 송아지처럼 할배 따라다녔다

할배야 이상하다 왜 자꾸 소가 죽노
시방 땅속에서 소울음이 들린다카이
할배가 여 있었으믄 벌써 다 고쳤을낀데

—「할배야 참 이상하다」 부분

위 인용시들은 각각 현재에는 부재하는 '엄마'와 '할배'에 대한 회상을 그리고 있는 작품들이다. 시적 자아에게 있어 '울 엄마'는 이미 져서 다시 돌아올 수 없는 '꽃송이'가 아니다. "울 엄마 꽃송이 지고 / 내 생이 든 꽃그늘"에서 보는 바와 같이 '엄마'의 생은 '양산'을 매개로 '내 생'으로 연결되고 있으며 "접었다 펴 보는 사이 간간이 꽃이 피네"에서 드러나듯 '엄마'의 표상이라 할 수 있는 '꽃'은 현재의 자아의 삶에서 '간간이' 피고 있는 것이다.

'자꾸 소가 죽어'가는 불모적 현실에 처해 있는 시적 자아에게 있어 '여'(여기)에 없는 '할배' 또한 생명성으로 현현되는 존재이기는 마찬가지이다.

이태순의 『따뜻한 혀』에서는 '엄마'(「저녁 같은 그 말이」, 「따뜻한 혀 2」, 「협립양산」 등), '아버지' (「검은 동굴」, 「그 여름날의 모자」 등), '할머니'(「새」), '할아버지'(「할배야 참 이상하다」) 등속의 시적 자아의 뿌리, 근원이라 할 수 있는 대상을 소재로 한 시가 많다. 그런데 그의 시에서 등장하고 있는 이 근원적 존재들은 단순히 추억이라든가 그리움의 대상에 그치는 것이 아니다. 모든 거칠고 딱딱한 것들을 포용하고 용해하는 웅숭깊은 서정성을 구동하는 기제가 되고 있는 것이 바로 이들 근원적 존재들에 대한 기억 내지는 회상이라는 데 의미가 있는 것이다.

순도 높은 서정성을 견지하면서 사회적인 문제를 포지한다는 것이 그리 간단한 일은 아니다. 그런데 이태순이 포착하고 있는 사회적 문제들은 재개발지역문제(「흔들리는 저녁」)라든가 농어촌의 삶(「꽃은 핀다」), 베이비부머(「달」), 실직(「문 밖의 저녁」)과 같은 사회구조적인 층위에서의 문제에서부터, 북한(「철원여인숙」, 「팽팽한 봄」), 독도(「독도 아이야」), 위안부(「꽃잎」)와 같은 민족적 층위에서의 문제, 유기견(「죄송합니다」), 구제역 집단 매몰(「할배야 참 이상하다」)과 같은 생명경시문제에 이르기까지 실로 다각도적이고 광범위한 스펙트럼을 보여 주고 있어 경이로울 정도이다.

세계의 경계 밖, 그 주변부에 산재해 있는 부조리라든가 모순, 그로 인한 존재의 상처를 시인 이태순은 결코 날선 비판으로 대응하지 않는다. '핥고 쓰다듬고 어루만짐'으로써 소통·포용하고 합일을 이루어 내고 있는 것이다. 이처럼 사회의 제반 문제들을 간과하지 않으면서도 모성과 같은 서정의 깊이로 이들을 포회하는 것, 이것이 바로 이태순만의 고유한 서정정신이라 할 수 있지 않을까. 이는 이태순 시의 본령이 대지적 모성성, 그 부드러우면서도 강인한 근원적 힘에 있다는 의미에 다름이 아니다.

따뜻한 혀

지은이 · 이태순
펴낸이 · 유재영
펴낸곳 · 동학사

1판 1쇄 · 2013년 10월 15일
출판등록 · 1987년 11월 27일 제10-149

주소 · 121-884 서울 마포구 토정로53 (합정동)
전화 · 324-6130, 324-6131 | 팩스 · 324-6135
E-메일 | dhsbook@hanmail.net
홈페이지 | www.donghaksa.co.kr
www.green-home.co.kr

ISBN 978-89-7190-426-8 03810

※ 이 책은 2012 서울문화재단 문학창작활성화 작가창작활동지원사업의
지원을 받아 발간되었습니다.